mar. 09:56
0011010000111
LES INFORMATICIENS
LES ANTI-BUGS
PACMANIA
RÉSEAU
LE CODE BINAIRE
Corbeille

les informaticiens #1

DROIT AU BUG

Dessins :
Arnaud Toulon
Scénario :
Brrémaud & Mathieu Reynès
Couleurs :
Alexandre Amouriq

BAMBOO ÉDITION

Les scénaristes remercient Michael B., Yannick B., Henri C., Nicolas B., André-Marc D.F., Jean-Yves S., Christophe D., Mouhsine O., Monique L. pour leur inspiration...

Brrémaud & Mathieu Reynès

Je tiens à remercier tout particulièrement :

Mes parents, la famille, les amis, la Bandana, les Babache, pour leur soutien permanent.
Nadia, Vince, Steph, Mamat, Herval, Xavier, mes "modèles" et "conseillers" personnels ;
Fred et Mathieu, Alex mon coloriste et la fantastique team de Bamboo, pour m'avoir donné ma chance et supporté mes retards légendaires ;
A.UDERZO et A.FRANQUIN, à qui je dois ma passion pour ce métier.
Ma fidèle tablette graphique écran.

Arnaud

www.bamboo.fr

116, rue des Jonchères - BP 3
71012 CHARNAY-LÈS-MÂCON cedex
Tél. 03 85 34 99 09 - Fax 03 85 34 47 55
Site Web : www.bamboo.fr
E-mail : bamboo@bamboo.fr

PREMIÈRE ÉDITION
Dépôt légal : Novembre 2006
ISBN 2-35078-103-8

Imprimé en France
Printed in France by PPO Graphic, 93500 Pantin

AAAH, LA RENTRÉE ! JE VAIS ENFIN INTÉGRER CETTE PRESTIGIEUSE ÉCOLE D'INFORMATIQUE !...
CROC
CROC
... LE RÊVE DE TOUTE MA VIE !
TAP TAP TAP
À MOI LE FUTUR !
ÉCOLE SUPÉRIEURE D'INFORMATIQUE
À MOI LE FRIC !
CLIC! CLIC!
FLOUZE
CASH
€
ET SURTOUT À MOI LES...
... NANAS ?!?

ÉCOUTEZ-MOI ÇAAAA, C'EST TERRRRIIIBLE!
HO HO HO
TAP TAP TAP
UN PASSAGER DU VOL FORT-DE-FRANCE PARIS FAIT DISJONCTER TOUS LES ORDINATEURS DE L'AÉROPORT ROISSY-CHARLES-DE-GAULLE...
... EN PASSANT SOUS LES ARCEAUX DE CONTRÔLE!...
... APRÈS PLUSIEURS ESSAIS INFRUCTUEUX ET APRÈS LUI AVOIR INTIMEMENT ORDONNÉ DE SE METTRE EN PETITE TENUE, LA POLICE A BIEN DÛ SE RÉSOUDRE À RECONNAÎTRE QUE CET HOMME N'AVAIT AUCUN APPAREIL DÉLICTUEUX...
... MAIS QUE L'ÉNERGIE DE SON CORPS AVAIT UN EFFET DÉSASTREUX SUR L'ÉLECTRICITÉ DES APPAREILS!
HIN HIN
UN TYPE COMME ÇA, QUI VOUS FICHE EN L'AIR TOUT UN PARC D'ORDINATEURS, EN SLIP, MOI...
JE N'EN VEUX PAS CHEZ MOI!!!
HI HI
HO HO HO
HÛ HÛ HÛÛÛ
HA HA HA
HIN HIN
SALUUUT TOUT LE MOOONNNNDE!
VOUS DEVINEREEEZ JAMAAAIIIS CE QUI M'EST ARRIVÉ À L'AÉROPORT!
FORT-DE-FRANCE

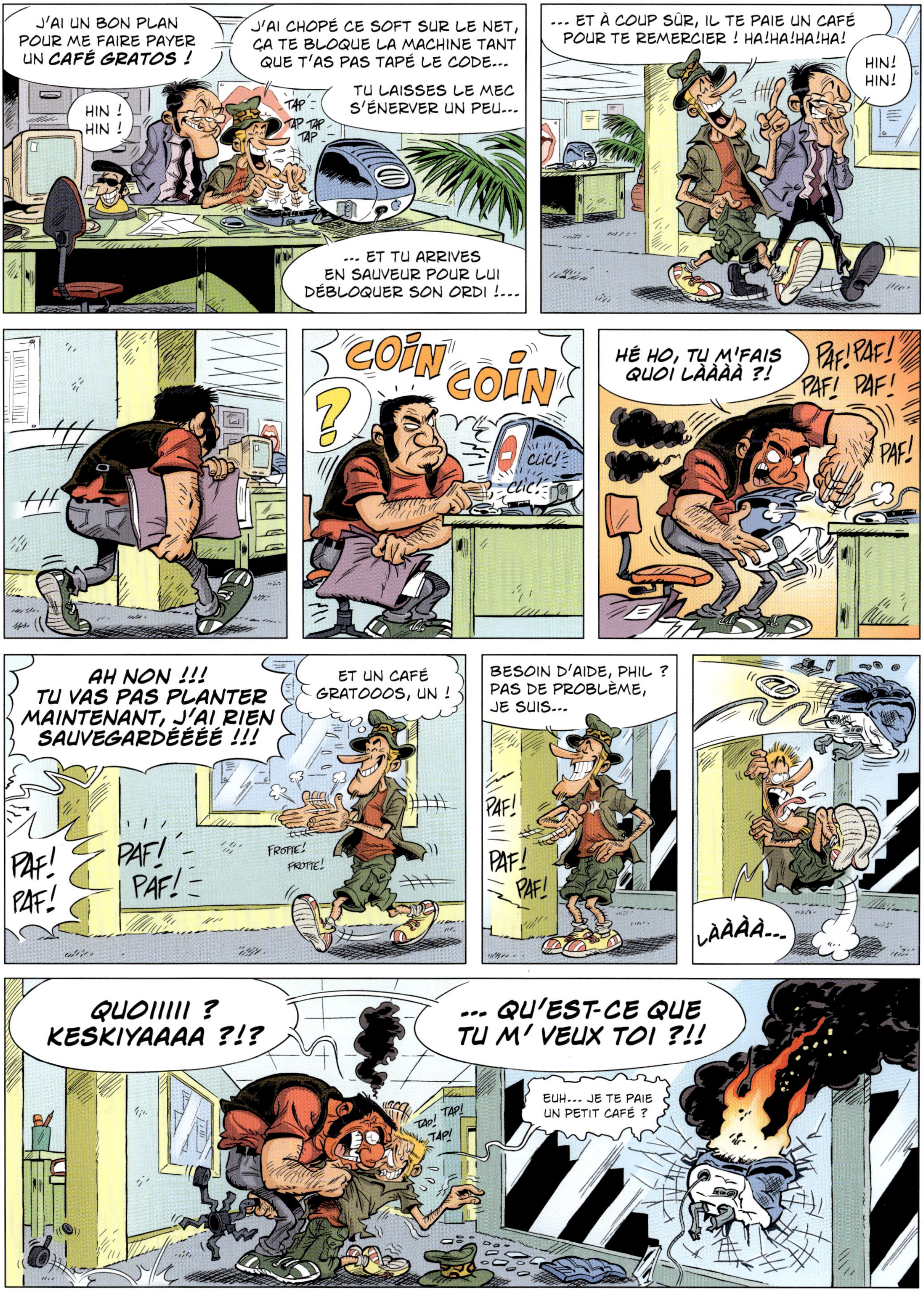
J'AI UN BON PLAN POUR ME FAIRE PAYER UN CAFÉ GRATOS !
J'AI CHOPÉ CE SOFT SUR LE NET, ÇA TE BLOQUE LA MACHINE TANT QUE T'AS PAS TAPÉ LE CODE...
TU LAISSES LE MEC S'ÉNERVER UN PEU...
HIN ! HIN !
TAP TAP TAP TAP
... ET TU ARRIVES EN SAUVEUR POUR LUI DÉBLOQUER SON ORDI !...
... ET À COUP SÛR, IL TE PAIE UN CAFÉ POUR TE REMERCIER ! HA!HA!HA!HA!
HIN! HIN!
COIN COIN
?
CLIC! CLIC!
HÉ HO, TU M'FAIS QUOI LÀÀÀÀ ?!
PAF! PAF! PAF! PAF! PAF!
AH NON !!! TU VAS PAS PLANTER MAINTENANT, J'AI RIEN SAUVEGARDÉÉÉÉ !!!
ET UN CAFÉ GRATOOOS, UN !
PAF! PAF! PAF! PAF!
FROTTE! FROTTE!
BESOIN D'AIDE, PHIL ? PAS DE PROBLÈME, JE SUIS...
PAF! PAF! PAF!
LÀÀÀÀ...
QUOIIIII ? KESKIYAAAA ?!?
... QU'EST-CE QUE TU M' VEUX TOI ?!!
TAP! TAP! TAP!
EUH... JE TE PAIE UN PETIT CAFÉ ?

VOICI MA NOUVELLE INVENTION: L'ODORAMA ! LE LOGICIEL QUI RESTITUE LES ODEURS EN LIVE !
PAR EXEMPLE SI JE CLIQUE SUR CETTE JOLIE ROOOOSE...
O.K
CLIC !
A4
OOOOOHHH... ÇA SENT LA ROOOSE...
BOF!!!
SNIF SNIF
SNIF
SNIIIF
HÉ! HÉ!
QUE DIRIEZ-VOUS D'UN ZESTE DE FRAGRANCE TENDAAAAAAANCE SEIZIÈÈÈÈME ?...
HÛ! HÛ!..
N°5 CHANEL
O.K
CLIC !
A4
OOOOOHHH... ÇA SENT LE PARFUM...
RE-BOF!!!
SNIF
SNIIF
FRIME FRIME
C'EST QUI LE GÉNIE ?... HÉ! HÉ!
SI JE CHOISIS CE PETIT PAIN CHAUD...
PFUIIII
HUM... JE NE LE SENS PAS TROP VOTRE ODO MACHIN TRUC...
MAIS?!?... MAIS ATTENDEEEZ ! J'AI MÊME PAAAS CLIQUÉÉÉÉ !!!
PAS TRÈS FRAIS SON PT'IT PAIN...
FLAP! FLAP! FLAP!
FLAP! FLAP!
FLAP!
FLAP! FLAP!

MONSIEUR CHAPOINAT, VOUS ALLEZ FAIRE CONNAISSANCE AVEC MA PETITE ÉQUIPE...
VOUS SEREZ SÉDUIT PAR SA REMARQUAAAABLE RÉACTIVITÉ !
... NOTRE ENTREPRISE EST LA MIEUX PLACÉE POUR...?
BOM
BOM
CRAC
!
HUM... AUX GRANDS MAUX, LES GRANDS REMÈDES...
?
CRAC !
ÇA CRAAAME !
... SACRÉ MICHAËL ! TOUJOURS DANS LE FEU DE L'ACTION !
YEEEES !!! J'AI EXPLOSÉÉÉ LE DERNIER LEVEEEEEL !!!
... TOUUUUJOURS EN AVANNNCE SUR LA CONCURRENNNCE...
NOS RÉUNIONS PROFESSIONNELLES SE FONT PENDANT LES PAUSES... OPTIMISATION DU TEMPS, TOUT ÇA...
PAF! PAF! WARF WARF BLAGUE BLAGUE HI HI GLOUSSE HÛ HÛ
... ET C'EST ICI QUE JE TRAITE MES PETITES AFFAI...?
EUH... CONCHITA, MARLÈNE, PAMÉLA.... LAISSEZ-NOUS TRAVAILLER, VOUS FINIREZ LE MÉNAGE UN PEU PLUS TARD...
GNÎÎÎ
KOF KOF
PFFFF...
VIRE VIRE

PAPA
FISTON
!
ALLEZ LES JAUNES
LES VERTS
SHOOT !
PAF !
MAIS QU'EST-CE QUE J'AI FAIT AU BON DIEU POUR MÉRITER UN TEL FILS D'ABRUTI ?!
T'ES MIRO ?
GROS NASE
ACHETE DES LUNETTES !
OUPS...
KAI ! KAI !
OUPS...
OUILLE
BOBO
GNIIIIIIII
QUE TU SOIS DERNIER EN MATHS, JE PEUX COMPRENDRE...
... MAIS 2/20 EN FRANÇAIS...
... C'EST PAS POSSIBLE !
CHIPS
PIZZA
DÉCIDÉMENT, T'ES UN BON À RIEN !
OUPS...
YOU LOOSE !
MIDAMTERMINATOR LEVEL 1
ARF ! ARF !
GAME OVER
PAS ÊTRE CAPABLE DE PASSER LE PREMIER NIVEAU...
... APRÈS 6 MOIS D'ENTRAÎNEMENT, T'ES VRAIMENT UN BON À RIEN !...
MAIS QU'EST-CE QUE J'AI FAIT AU BON DIEU POUR MÉRITER UN TEL PÈRE D'ABRUTI ?!
BOM BOM BOM

MAIS POURQUOI CET IMBÉCILE D'ORDI NE VEUT PAS RECONNAÎTRE CETTE IMPRIMANTE À LA NOIX ? POOOURQUOOIIIIII ?!?
SI DEMAIN MATIN, À LA PREMIÈRE HEURE, MONSIEUR BOUSIER N'A PAS SES DOCUUUMENTS...
OUAIP, C'EST BÊTE... DOIT Y AVOIR UN PROBLÈME DE CÂBLE ENTRE LÀ ET LÀ !
COUIC !
GNÉÉÉ !
... JE SUIS MOOORTE !
REGAAAARDE PHIIIIL ! L'IMPRIIIMAAANTE ? ELLE FOOONCTIOONNE !
OUAIP... J'SUIS AU COURANT...
PRIIIINNNT
PRIIIINT
BEN ALORS... ?
T' IMPRIMES SALETÉ !!!
YES !
GNÉÉÉ !
PRIIIINT...
???
GRATTE GRATTE
PRIIIINT...
PRIIIINT
ALLEZ COURAGE PHILOU... ENCORE 578 DOSSIERS ET C'EST FINI !
UN AUTRE CAFÉ ÇA TE BRANCHE ?
GNOOOOON !
PRIIIIIIINT...
PRIIIIIIINT...
PRIIIIINT...

VOUS AVEZ DES BAGAGES?
OH, PAS GRAND CHOSE...
... JUSTE UNE VALISE!
DÉSOLÉE, MAIS VOTRE ORDINATEUR EST TROP VOLUMINEUX!...
... IL FAUT LE METTRE EN SOUTE.
HORS DE QUESTION! IL VOYAGE AVEC MOI!
JE VOUS PAIE UNE PLACE DE PLUS S'IL LE FAUT!
...
C'EST MALHEUREUSEMENT IMPOSSIBLE... L'AVION EST COMPLET. IL N'Y A PAS D'AUTRE SOLUTION!
NAAVRÉÉE...
!
...
FROTTE
FROTTE
À MOINS QUE...
MAIS JE T'ASSURE CHÉRIE, TU N'AS PAS À T'EN FAIRE ...
...LE PETIT A TOUT CE QU'IL FAUT DANS LES VALISES...
... ON LE RÉCUPÈRE DANS 2 HEURES À L'ARRIVÉE!...
FROTTE
FROTTE

MAIS ENFIN, IL EST QUAND MÊME SIMPLE CE LOGICIEL !
TAP TAP TAP
SUFFIT DE LIRE LES INSTRUCTIONS DU MANUEL!
...
LE SINGE LE PLUS BÊTE DE LA TERRE Y SERAIT ARRIVÉ DEPUIS BELLE LURETTE!
?
MICHAËL, OCCUPEZ-VOUS DE CET ANIMAL, MOI, J'ABANDONNE! JE VOUS DONNE DEUX HEURES!
!
KRIIIIII
COGITE
PENSE
NEURONES
MÉNINGE
KRIIII
HÉ! HÉ!
... BON! ÇA FAIT LARGEMENT PLUS DE DEUX HEURES, À PRÉSENT...
BRAVO !
BONNE RÉPONSE !
RÉCOMPENSE !
?!
C'EST QUAND VOUS AVEZ PARLÉ DE SINGE...
... ÇA M'A MIS LA PUCE À L'OREILLE!...
SLUUUUURRRP
VRRRRRRR
BRAVO ! BONNE RÉPONSE...
RÉCOMPENSE !
CLIC

BON...
C'EST QUAND
TU VEUX, HEIN !
...
TAP! TAP!
TAP!
TAP!
TAP! TAP!
TAP!

COIN
CLIC
?
COIN
CLIC
COIN COIN
COIN
CLIC
CLIC
CLIC
CLIC CLIC CLIC
CLIC
CLIC
COOOOIIN
CLIC CLIC
CLIC
BAFFE!
PAF!
PFFFFF..
AH OUI, J'AVAIS OUBLIÉ DE TE DIRE, PHIL...
... COMME J'EN AI MARRE DE RÉPARER LES ORDIS QUE TU CASSES, J'AI MIS DES AIRBAGS DESSUS!
LOLO BOGROTA

LA PREMIÈÈÈRE MAQUETTE DE MA COLLECTION : UN BIPLAN DE LA PREMIÈÈÈRE GUEEERRE MONDIAAALE OFFERT PAR MON PAPY RENÉ...
... POUR MES 8 ANS !
FROTTE
FROTTE
BRILLE
ET DEPUIIIS, GRÂÂCE À INTERNET, J'AI PUUU ASSSSOOUUUVIIIIR MA PAAASSIIIOOON !!!
CE ZÉÉRO, JE L'AI DÉGOTÉ SUR UN SITE JAAPONAAIS ! AAADMIRE LA QUAAALITÉ DE L'OUVRAAGE !
BIIGRE !
LÀ, TU AS LE PRIVILÈGE DE TENIR DANS TES MAINS, UNE RÉPLIQUE EXACTE DU CONCOOORDE !... TELLEMENT RAAARE QUE J'AI DÛ LA COMMANDER SUR UN SITE GROEEENLANDAIS !
COOOOL !
Y A JUSTE UN PETIT PROBLÈME AVEC L'ÉCRAN DE L'ORDINATEUR...
?
... ON NE SE REND PAS BIEN COMPTE DES DIMENSIONS !
330-AA
MAMIE NEWS

SALUUUUUT JEAN-PIERREEEE... ÇA VAAAA ?
?
DIS-MOI PHIL... D'OÙ TE VIENT CETTE SÉRÉNITÉ ?
PSHHIII
MICHAËL A INSTALLÉ UN LOGICIEL DE YOGA SUR MA BÉCANE...
... DEPUIS, JE ME SENS APAISÉÉÉÉÉÉÉ...
D'AILLEURS, TU M'EXCUSES JEAN-PIEEERRE...
... C'EST L'HEURE DE MON COOOURS !
!
BEN ÇA ALORS...
GRATTE !
GRATTE !
... ÇA ME LA COUPE !
KRAK !
?
SALOPERIE DE LOGICIEL !!!
IL A PLANTÉ TOUTE MA MACHINE !
BOM
BOM
BOM

ZAP!
ZAP!
ZAP!
ZAP!
CHIPS
BAF!
PFFFFFT
T'AURAS TON SLIP PROPRE QUAND T'AURAS APPELÉ LE RÉPARATEUR!...
LA MACHINE À LAVER EST ENCOOORE EN PANNE!!!
CHIPS
LE RÉPARATEUR?!?
ALORS QUE TU VIS AVEC LE GÉNIE DE LA TECHNOLOGIIIIE!...
LAISSE-MOI FAIRE! JE PRENDS LES CHOSES EN MAIN!
CRAC!
CRAC!
CRAC!
PLUS TARD...
LE GÉNIE S'EN SORT? MA MACHINE EST RÉPARÉE?
PAS TOUT À FAIT, MAIS AU MOINS...
J'AI RÉUSSI À LA CONNECTER À INTERNET!
...

DZRiiiiii
VRRRR
VRRR
ET CETTE FOIS, ÇA MARCHE ?!?
RR RRR
ENCORE QUELQUES RÉGLAGES ET L'AFFAIRE EST DANS LE SAC !
BOM VRRRRRR BOM
BOM
VRA R
POUSSE-TOI CHÉRIE...
... LE GÉNIE ENTRE EN SCÈÈÈÈNE !
BOM BOM
VRRR BOM
PAAARFAIT...
BOM BOM
SIIIIIIIII !... COMME J'TE LE DIS !... UN SUUUUPER SIMUUULATEUR DE COUUUUURSES !!!
ÇA MARCHE AU POIL !
VROOAR
BOM BOM BOM
VRRRRRR

BAMBOO
CÉRÉALES
LA SÉRIE NOIRE CONTINUE !
CETTE FOIS, C'EST LE GRILLE-PAIN QUI NOUS LÂCHE !
MMHH...
KOF
KOF
KOF
SRIIIIITCHHHHHH
CUISINE
T'INQUIÈTE... JE M'EN CHARGE !
AH NON MERCI ! TU NOUS AS DÉJÀ ACHEVÉ LA MACHINE À LAVER !...
TAC
LE GRILLE-PAIN EST SOUS GARANTIE !
JE LE RAPPORTE AU MAGASIN !
C'EST DOMMAGE... UNE FOIS CONNECTÉ À MON ORDINATEUR...
... IL AURAIT FAIT UN TRÈS BON GRAVEUR DVD CE GRILLE-PAIN...
VLAM!

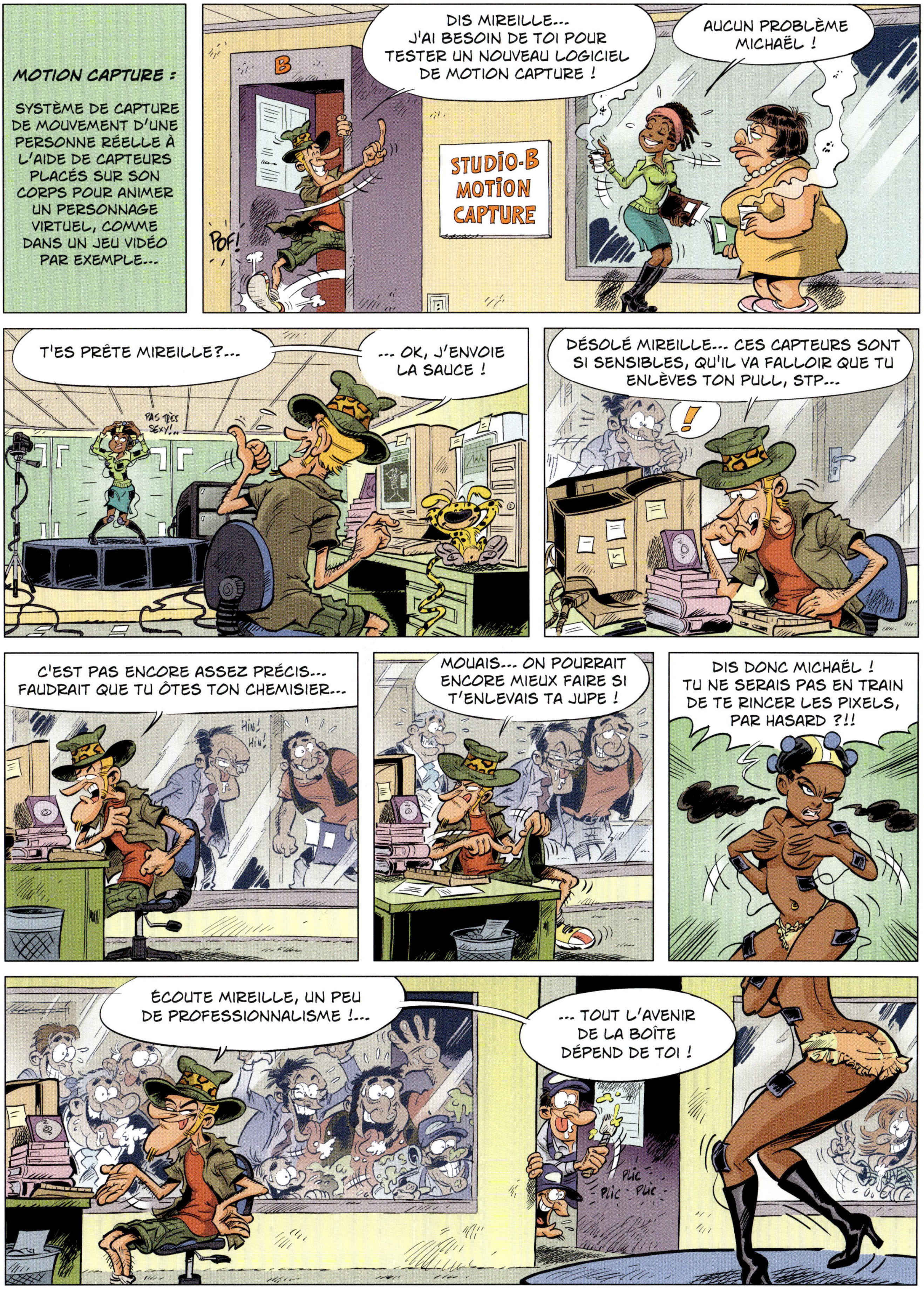
MOTION CAPTURE :
SYSTÈME DE CAPTURE DE MOUVEMENT D'UNE PERSONNE RÉELLE À L'AIDE DE CAPTEURS PLACÉS SUR SON CORPS POUR ANIMER UN PERSONNAGE VIRTUEL, COMME DANS UN JEU VIDÉO PAR EXEMPLE...
B
POF!
DIS MIREILLE... J'AI BESOIN DE TOI POUR TESTER UN NOUVEAU LOGICIEL DE MOTION CAPTURE !
STUDIO-B MOTION CAPTURE
AUCUN PROBLÈME MICHAËL !
T'ES PRÊTE MIREILLE?...
--- OK, J'ENVOIE LA SAUCE !
PAS TRÈS SEXY!...
DÉSOLÉ MIREILLE... CES CAPTEURS SONT SI SENSIBLES, QU'IL VA FALLOIR QUE TU ENLÈVES TON PULL, STP...
!
C'EST PAS ENCORE ASSEZ PRÉCIS... FAUDRAIT QUE TU ÔTES TON CHEMISIER...
HIN! HIN!
MOUAIS... ON POURRAIT ENCORE MIEUX FAIRE SI T'ENLEVAIS TA JUPE !
DIS DONC MICHAËL ! TU NE SERAIS PAS EN TRAIN DE TE RINCER LES PIXELS, PAR HASARD ?!!
ÉCOUTE MIREILLE, UN PEU DE PROFESSIONNALISME !...
... TOUT L'AVENIR DE LA BOÎTE DÉPEND DE TOI !
PLIC PLIC PLIC

CENSURÉ

... ET POUR LA TROISIÈME FOIS CONSÉCUTIVE, C'EST NOTRE JEAN-PIERRE QUI REMPORTE LE TROPHÉE DU MEILLEUR EMPLOYÉ DU MOIS !
HI ! HI ! LOSERS...
PAS UN JOUR CE MOIS-CI, SANS QU'IL NE POINTE AU MOINS UN QUART D'HEURE AVANT TOUT LE MONDE !...
JE N'AI AUCUN MÉRITE MONSIEUR BOUSIER, J'AIME MON TRAVAIL... ... TOUT COMME J'AIME SERVIR MON ENTREPRISE...
TAP! TAP! TAP!
... ET PAR-DESSUS TOUT...
FLATTE FLATTE
... J'AIME LE DOUX CHANT DE MON ORDINATEUR AU DÉMARRAGE !
QU'IL EST MAGNIFIQUE !... JE L'ÉCOUTERAIS DES HEURES...
SLUUURP SLUUURP
SNIIF
... MAIS JE DOIS VOUS LAISSER... JE COMPTE SUR VOUS, POUR ME REMETTRE DÈS DEMAIN MATIN LE RAPPORT SUR NOTRE NOUVEAU LOGICIEL, MON PETIT JEAN-PIERRE...
J'Y VEILLERAI MONSIEUR BOUSIER!
LE LENDEMAIN MATIN...
MIREILLE, DITES À JEAN-PIERRE DE M'AMENER SON RAPPORT !
JEAN-PIERRE N'EST PAS LÀ, MONSIEUR BOUSIER...
... IL A DÛ PRENDRE FROID EN FÊTANT SA VICTOIRE !
QUELLE PETITE NATURE... BON, JE VAIS LE RÉCUPÉRER MOI-MÊME SUR SON ORDINATEUR!...
... APRÈS TOUT, L'EMPLOYÉ DU MOIS N'A AUCUN SECRET POUR SON PATRON!
AH, LE DOUX CHANT DE SON ORDINATEUR AU DÉMARRAGE. SACRÉ JEAN-PIERRE!...
HÉ! HÉ!
LA LA LAAAAA...
... LA LA LAAAA FIN DU MOIS APPROCHE ! COURAGE JEAN-PIERRE ! RESTE 12 JOURS À BOSSER POUR LE GROS CON AVANT LES VACANCES !...

TADAAAAM ! ADMIREZ CETTE MERVEILLE ! C'EST UN CASQUE À CONNEXION !
!
BZZIIII
BZIIII
!
?
?
C'EST UN PROTOTYPE... IMPORTÉ DIRECTOS DU JAPON... AVEC ÇA, JE SUIS UN ORDINATEUR SUR PATTES !
FRIME
CRÂNE
BOF...
UN BIJOU DE TECHNOLOGIE INFORMATIQUE ! JE PEUX ÉCRIRE ET NAVIGUER SUR LE NET, RIEN QU'AVEC MON BRAS !
BIIIIP
BIDIBIDIP
?
...FAIRE DES JEUX EN RÉSEAU GRÂCE AUX CAPTEURS...
VZIIIII
VRRRR
BLAM! BLAM!
ET JE PEUX REÇEVOIR ET ENVOYER DES E-MAILS, DES SMS, DES MMS...
TIP
VRIIIII
BZZZZZ
... AH JE CROIS QUE JE REÇOIS JUSTEMENT UN MESSAGE ! ?
VRRRIIIII
BUUP
BUUP
BIEN SÛR, ÇA DEMANDE ENCORE QUELQUES RÉGLAAAAAAGES !
BIDIBIP
DZZIIIIIG
BUUP
DZZIIIING
KRRRRR
FSHHHHHT
ÇA VA PÉTER...
VA PAS FAIRE LONG FEU SON MACHIN...
AÏE... AÏE...
BOM
BOM
TAP TAP
TAP
TAP
TAP
TAP
TAP
WHAIIEE!
SHHHHH
BOM
KRRRR
BOM
ÇA DOIT ÊTRE UN BUG AVEC LE FIRE-WALL...
HOHOO
HI HI HI
HI
HIN
HIN
HÛ HÛ
ARF
ARF
TOC
TOC
FSHHH

SLURP
CLIC
?
BEN?... ON DIRAIT QU'IL NE VEUT PAS S'ALLUMER !
CLIC
CLIC
CLIC
CLIC
CLIC
BON! DE CE CÔTÉ-CI, RIEN À SIGNALER !
TRÈS BIEN, SI TU LE PRENDS COMME ÇA !...
... VOYONS VOIR CE QUE TU AS DANS LE BIDE !
MAIS ENFIN, C'EST HALLUCINANT ÇA! TOUT A L'AIR PARFAITEMENT OK ???
MAIS ALORS, POURQUOI TU T'ALLUMES PAS ?! POURQUOOOOI ?!? MADÂÂÂME VEUT SES RTT PEUT-ÊÊÊÊTRE ?!!
ET TU AS ESSAYÉ EN LE BRANCHANT ?
HÛ HÛ HÛ

J'OSE PAS IMAGINER LA TÊTE DE KÉVIN QUAND IL TROUVERA PLUS LE PORTABLE QUE BOUSIER LUI A PRÊTÉ !
HÛ HÛ HÛ HÛ
HI HI HI HI
REMARQUE, C'EST TELLEMENT LE BORDEL SUR SON BUREAU, QUE C'EST PAS SÛR QU'IL S'EN APERÇOIVE !
HA! HA! HA! HA! HA! HA!
HÛ HÛ HÛ
I CAN'T GET NO...
... SATIS...
?
MON PC !!!
MERDE! MEERDE!
MAIS OÙ J'AI BIEN PU LE FOURRER...
... CE PC DE
SI LE BOSS APPREND QUE JE L'AI PAUMÉ...
... J'SUIS UN STAGIAIRE MORT !
?
PSSST, LES FILLES... VOUS N'AURIEZ PAS VU MON PC ?
?
J'AI DÛ L'OUBLIER DANS UN COIN... C'EST UN PORTABLE GRIS MÉTALLISÉ...
"GRIS" TU DIS, KÉVIN?...
OUI ! C'EST ÇAAAA ! TU, TU... TU L'AS VU, MICHAËL ?!!
UN PC GRIS? EUH NON, ÇA NE ME DIT RIEN...
PFFF
PFFRRTT
PFFRTT
DITES JEUNE HOMME... DU PC, JE NE SAIS PAS, MAIS SI ÇA VOUS INTÉRESSE...
... J'AI DU PQ !
BOH BOM
WARF! WARF!

CD
DÉMO !
COMPTA ! 3000 !

DIS MICHAËL, Y A BOUSIER QUI VEUT TOUTE MA COMPTA POUR DEMAIN MATIN ! T'AURAIS PAS UN LOGICIEL À ME FILER ?
TU TOMBES BIEN, JE VIENS JUSTE DE RÉCUPÉRER UNE VERSION DÉMO DE COMPTA 3000 ! A PRIORI... ÇA MARCHE NICKEL !
SUUUPER !
TU ME SAUVES LA VIE !
TAP TAP TAP TAP TIP TAP TAP TIP TAP TAP TAP TAP TAP TAP TAP TAP
COURAGE JEAN-PIERRE... T'ES UN WINNER !!!
COOCORICOOO
* DEBOUT TAS DE LARVES !
SALUT JP ! ALORS CETTE COMPTA, T'EN ES VENU À BOUT ?
OUI, COMME TU DIS... JEAN-PIERRE 1, COMPTA 0 ! PLUS QU'À VALIDER "ENTRÉE" ET JE LA PORTE À BOUSIER !
MAIS... MAIS ?!? ÇA NE SAUVEGAAARDE PAS ? MIIICHAAAËL !??
COIN COIN COIN
TAP TAP TAP TAP TAP
BEN NON... C'EST UNE VERSION DÉMO ! TU PEUX TOUT FAIRE, SAUF SAUVEGARDER !
JE VAIS TE DÉMOLIR !
ON DIRAIT QU'ILS ONT EU DES MOTS...
?

GRAT GRAT GRAT
L'INFORMATIQUE POUR LES GROS GROS NULS
ALORS PHIL, T'AS L'AIR COMPLÈTEMENT PERDU ? QUELQUE CHOSE NE VA PAS ?
PFFF...
JE SUIS EN TRAIN DE LIRE UN MANUEL SUR LE LANGAGE INFORMATIQUE...
... J'Y COMPRENDS RIEN AVEC TOUS CES 0 ET CES 1 !
ÉVIDEMMENT, C'EST LE LANGAGE BINAIRE ! TU SAIS L'INFORMATIQUE, C'EST PAS DIFFICILE, C'EST JUSTE UNE AFFAIRE DE 0 ET DE 1. PAS DE PHRASES, PAS DE MOTS...
? ?
...QUE DES 0 ET DES 1 !
CLIC CLIC
WINDAUB
JE DIGÈRE PAS CETTE POMME !
BILL "WATER" GATES
HÉ BEN PHIL ?
TU NE TE SENS PAS BIEN ?
PHIL ?
0110101101011010110101
1010110101101011010110
1011010110101101 ...
? ? ?

YEEESS !
?
ÇA VA PAS D'HURLER COMME ÇA, KÉVIN ?!?
TOC TOC TOC
S'CUSE-MOI MIKE, MAIS...
... C'EST TROP LE KIIIIF !
J'VIENS DE TCHATTER AVEC UNE NANA SUR LE SITE WEB DE MEETRIC... J'LA VOIS CE SOIR, AU CAFÉ DES "FLEURS BLEUES", À 19H00...
HUM...
J'VIENS DE MATER SA PHOTO, ET TU SAIS QUOI ?...
POUET POUET
CLIC ! CLIC !
HI ! HI !
... ELLE A L'OPTION AIRBAAAAG !
ALORS MIKE ? C'EST PAS DE LA BOMBAAAASSE ÇA ?
MON PAAAUVRE KÉVIN...
MENU
MEETRIC
CHAT
NATACHA "PLAGE"
ZOOM
100%
... ÇA SENT L'ARNAQUE !
C'EST LE COUP CLASSIQUE DU GROS THON QUI ENVOIE UNE PHOTO DE BIMBO POUR FERRER LE POISSON !
TSS...
MORALE
SERMON
FLIPPE FLIPPE
TU... TU CROIS MIKE ?
CROIS-MOI, KÉVIN, LÂCHE L'AFFAIRE...
ÇA ME PARAISSAIT UN PEU GROS AUSSI...
SURTOUT L'AIRBAG...
TAP TAP TAP
SOUPIIIIIIIR
LE SOIR, 18H30...
CE KÉVIN, C'EST VRAIMENT UN BLEU ! HIN HIN !
... FAUDRA QUE J'ÉVITE DE ME MARRER, ÇA FAIT BOUGER LA PERRUQUE...
Les Fleurs Bleues
Les Fleurs Bleues
COCKTAILS

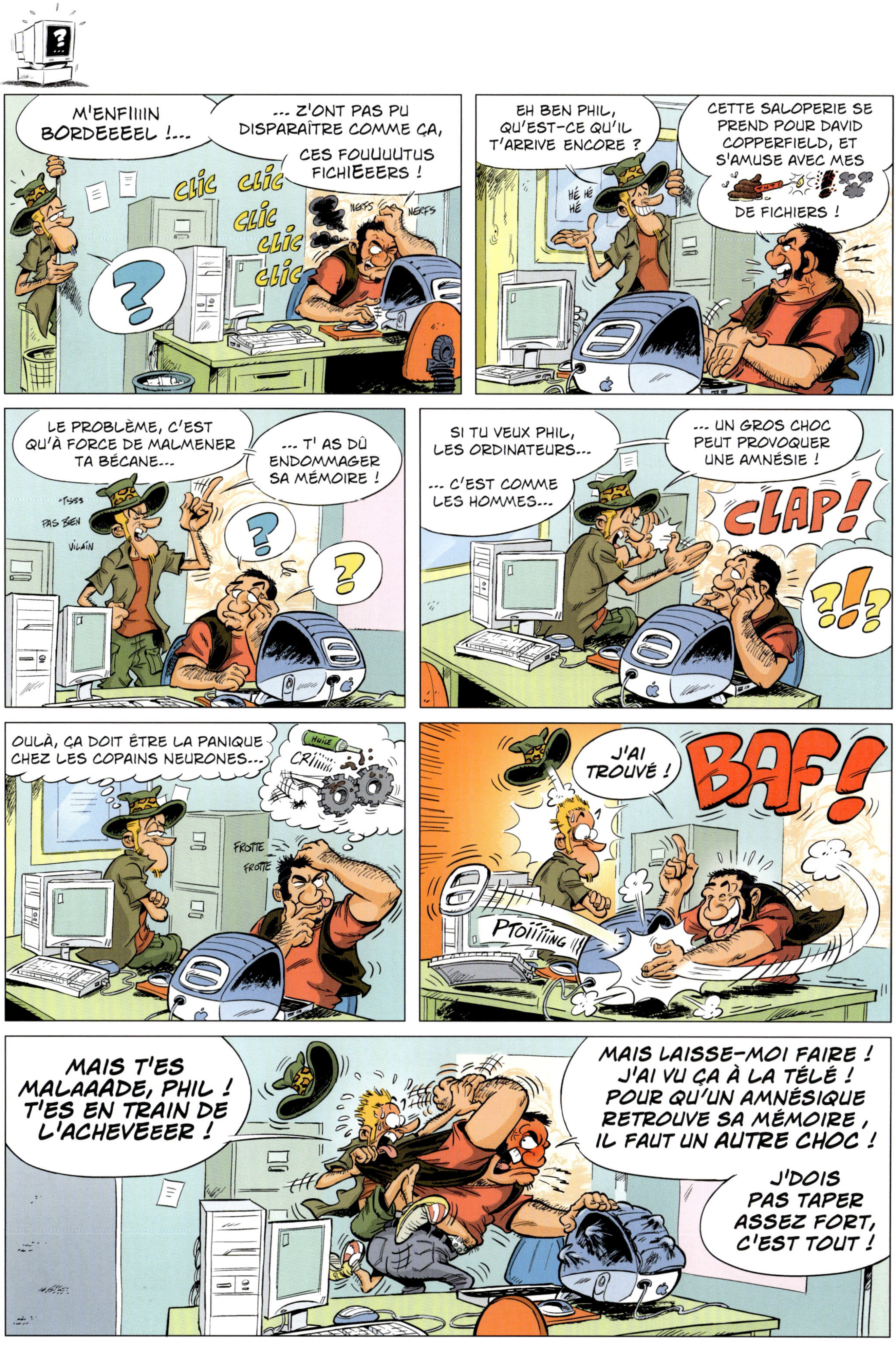
M'ENFIIIIN BORDEEEEL !...
... Z'ONT PAS PU DISPARAÎTRE COMME ÇA,
CES FOUUUUTUS FICHIEEERS !
CLIC CLIC CLIC CLIC CLIC
NERFS NERFS
EH BEN PHIL, QU'EST-CE QU'IL T'ARRIVE ENCORE ?
HÉ HÉ HÉ
CETTE SALOPERIE SE PREND POUR DAVID COPPERFIELD, ET S'AMUSE AVEC MES
DE FICHIERS !
LE PROBLÈME, C'EST QU'À FORCE DE MALMENER TA BÉCANE...
... T' AS DÛ ENDOMMAGER SA MÉMOIRE !
TSSS
PAS BIEN
VILAIN
SI TU VEUX PHIL, LES ORDINATEURS...
... C'EST COMME LES HOMMES...
... UN GROS CHOC PEUT PROVOQUER UNE AMNÉSIE !
CLAP !
OULÀ, ÇA DOIT ÊTRE LA PANIQUE CHEZ LES COPAINS NEURONES...
HUILE
CRIIIII
FROTTE FROTTE
J'AI TROUVÉ !
BAF !
PTOIIIIING
MAIS T'ES MALAAADE, PHIL ! T'ES EN TRAIN DE L'ACHEVEEER !
MAIS LAISSE-MOI FAIRE ! J'AI VU ÇA À LA TÉLÉ ! POUR QU'UN AMNÉSIQUE RETROUVE SA MÉMOIRE, IL FAUT UN AUTRE CHOC !
J'DOIS PAS TAPER ASSEZ FORT, C'EST TOUT !

DIKTÉ
0/20 !
IL ME DÉSESPÈRE CE GOOOSSE !
FRANQUIN
LE RETOUR ?
CE GÉNIAL
SOUPIIIR...
ELLE EST BELLE LA NOUVELLE GÉNÉRATION ! IL PASSE SON TEMPS À TCHATTER SUR LE NET !
TSSS...
TSS...
MEUUUH NON, PHIL...
LE CHAT, C'EST RÉVOLUTIONNAIRE ! LES GAMINS SE REMETTENT À ÉCRIRE ET À COMMUNIQUER ENTRE EUX !
C'EST GÉNIAL !
BAH !...
CROIS-LE SI TU VEUX, MAIS LE SMS ENRICHIT LA LANGUE FRANÇAISE !
TSSS...
PFF...
TU PARLES ! EN ATTENDANT, AVEC SA CULTURE INTERNET...
... IL SE TAPE DES ZÉROS EN DICTÉE !
C'EST GÉNIAL, ÇA ?
RAGE RAGE
TAP! TAP!
AH, EN EFFET, LE STYLE EST PARTICULIER...
... C'EST LE GENRE DE PROSE, QUE LES PROFS ONT DU MAL À "CAPTER"...
Océano Nox (Viktor Ugo)
O combi1 2 mar1, combi1 2 k pit n
Ki son parti joyeu pour d course loint n
Dan ce morne orizon se son évanoui !
Combi1 on 10paru, dur é triste fortune !
Dan 1 mer 100 fon, par 1 nuit 100 lune,
Dan l'aveugl océan a jamé enfoui !
Combi1 2 patron mor avec eur ékipage !
Louragan 2 leur vi a pris toute les pages
Et d1 soufle il a 10perC sur les flo !
Nul ne sora leur fin dan labim plonG.
Chak vague en passan d1 buti1 C
L'une a Csi l'Skif, l'otr
0/20

TADAAA !
JE L'AI ENFIN REZUUU !
SNIIIF SNIIIF
TAP ! TAP ! TAP !
?
?
?
?
Z'EST LE DOUVEL ANDIVIRUS BORTON BREBIUM ! JE VAIS BAZER L'INZDALLER ZUR VOS BACHINES ...
SNIIIIIRF...
ET HOB ! À DOI L'HONNEUR, BIREILLE !
EEEERK ! MON CLAVIEEER !
SNIIIRF SNIIIRFF
PLIC PLOC
ARGHHH ! MON ÉCRAANN !
PROOOOOO
PLOC PLOC PLOC
ET VOILÀ LE DRAVAIL, BIREILLE, TU BEUX REBRENDRE TON ACDIVIDÉ...
HIIKKK ! MA SOURIIIS !
PLIC PLIC PLOC
COLLE COLLE
...PLUS QUE LE DIEN PHIL, ET ZE ZERA TERMI ...
AAATCHA !
SLORCH
OUBS... EZGUSE-BOI, PHIL...
... TU VEUX T'EZZUYER ?
KILL KILL
FLIPPE FLIPPE
...UN BON COUP DE POMPE AU CUL ! Y A PAS MIEUX POUR ÉVITER LES VIRUS !
CLAP CLAP CLAP
BYE BYÉÉÉ...
HIN ! HIN, ! COMME IL TE L'A MOUCHÉ !
BAF !
WAAOUILLE !

J'AI RÉCUPÉRÉ LE DERNIER FILM DE SPIELBERK SUR LE NET! ÇA VOUS DIT UNE PETITE AVANT-PREMIÈRE ?
?
?
?
!
SUR LE NET ? MAIS C'EST DU PIRATAGE ! C'EST ILLÉGAL !
BAH !... LE FILM SORTIRA EN FRANCE DANS 6 MOIS, JE NE FAIS DE TORT À PERSONNE !
ALLEZ HOP, TOUS DANS MON BUREAU, LA SÉANCE VA COMMENCER !
C'EST PAS UN PEU SOMBRE ?
ET PIS FLOU ?
C'EST NORMAL, ÇA ÉTÉ FILMÉ DANS UNE SALLE DE CINÉ, LA QUALITÉ EST PAS TIP TOP !
ATCHAAAA!
À VOS SOUHAITS !
MEUH NON, ÇA VIENT DE LA VIDÉO, HI HI !
PROBABLEMENT UN SPECTATEUR AVEC UNE BONNE CRÈVE, HI HI !
HIN HIN...
HÜ HÜ
HI HI HI
GÈNE GÈNE
AH...? COMME C'EST COCASSE...
PROUUUUT !
HUM... LA VIDÉO !
CELUI-CI, CE N'EST PAS SES SINUS QUI ÉTAIENT BOUCHÉS, EN TOUT CAS...
ERK...
ERK...
TAP TAP
大土豆!
大袋!
HONTE
HONTE

C'EST DU CHINOIS TON TRUC, ON COMPREND RIEN !
FLIPPE FLIPPE

OUAIS, EH BIEN MOI, JE PRÉFÈRE ENCORE ATTENDRE LA SORTIE DU FILM !
BANDE D'INGRATS !

BEAUCOUP, BEAUCOUP PLUS TARD, LA NUIT, EN FAIT...
GNA GNA GNA, DU CHINOIS !... M'EN FOUS ! **6 MOIS**, ÇA ME LAISSE LARGEMENT LE TEMPS POUR APPRENDRE LES BASES...
美念！
BON ALORS LÀ, SI J'AI BIEN TRADUIT, LE TYPE VIENT DE DIRE À LA NANA : *TU ES BELLE COMME UN GROS CALAMAR AVEC DES TONGS...*
格斯！
HEIN ?!? J'AI DÛ ME PLANTER QUELQUE PART...
GRAT GRAT
GRAT
CHINE CHINE ! L'EUROPE TRINQUE
LE CHINOIS POUR LES NULS !!!
LE PET QUI NOIE
FRANÇAIS CHINOIS

DIVX
DING ! DONG !
?
CORRECTEUUU
RODRIGUEEEZ ! ÇA FAIT UN BAIL !
SALUT MIKE ... JE SUIS DANS LA RÉGION POUR LE TAF, J'EN AI PROFITÉ POUR PASSER TE VOIR ...
J'AI CHERCHÉ TON ADRESSE SUR LE WEB, ET ME VOILÀ...
ALORS, QU'EST-CE QUE TU DEVIENS? LA DERNIÈRE FOIS QU'ON S'EST VUS, JE POMPAIS SUR TOI AU BAC...
HIN! HIN! HIN! HIN! HIN!
J' SUIS DANS L'INFORMATIQUE MON VIEUX !
T'AS PAS IDÉE DE CE QUE NOUS OFFRENT LES NOUVELLES TECHNOLOGIES...
TIENS, REGARDE... HIER SOIR , J' ME SUIS CHOPÉ "LA GUERRE DES BLONDES" SUR LE NET... C'EST LE P'TIT DERNIER DE SPIELBERK... C'EST MÊME PAS ENCORE SORTI EN SALLES !!
TIP TIP
... ET POUR LA MUSIQUE, J'TE DIS PAS COMME C'EST FACILE ! J'AI TÉLÉCHARGÉ DES MILLIERS DE TITRES...
... ET LE PLUS FORT, C'EST QUE ÇA M'COÛTE PAS UN ROND !
ET TOI, RODRIGUEZ, TU TAFFES DANS QUELLE BRANCHE ?
BEN, TU VAS RIRE... ... JE SUIS MOI AUSSI DANS L'INFORMATIQUE...
QUEL COPIEUR ! C'EST UN DON CHEZ TOI...
HA! HA! HA! HA!
... DANS LA POLICE, UNITÉ SPÉCIALE : ANTI-PIRATAGE !
PPPPPFFRRFFTT

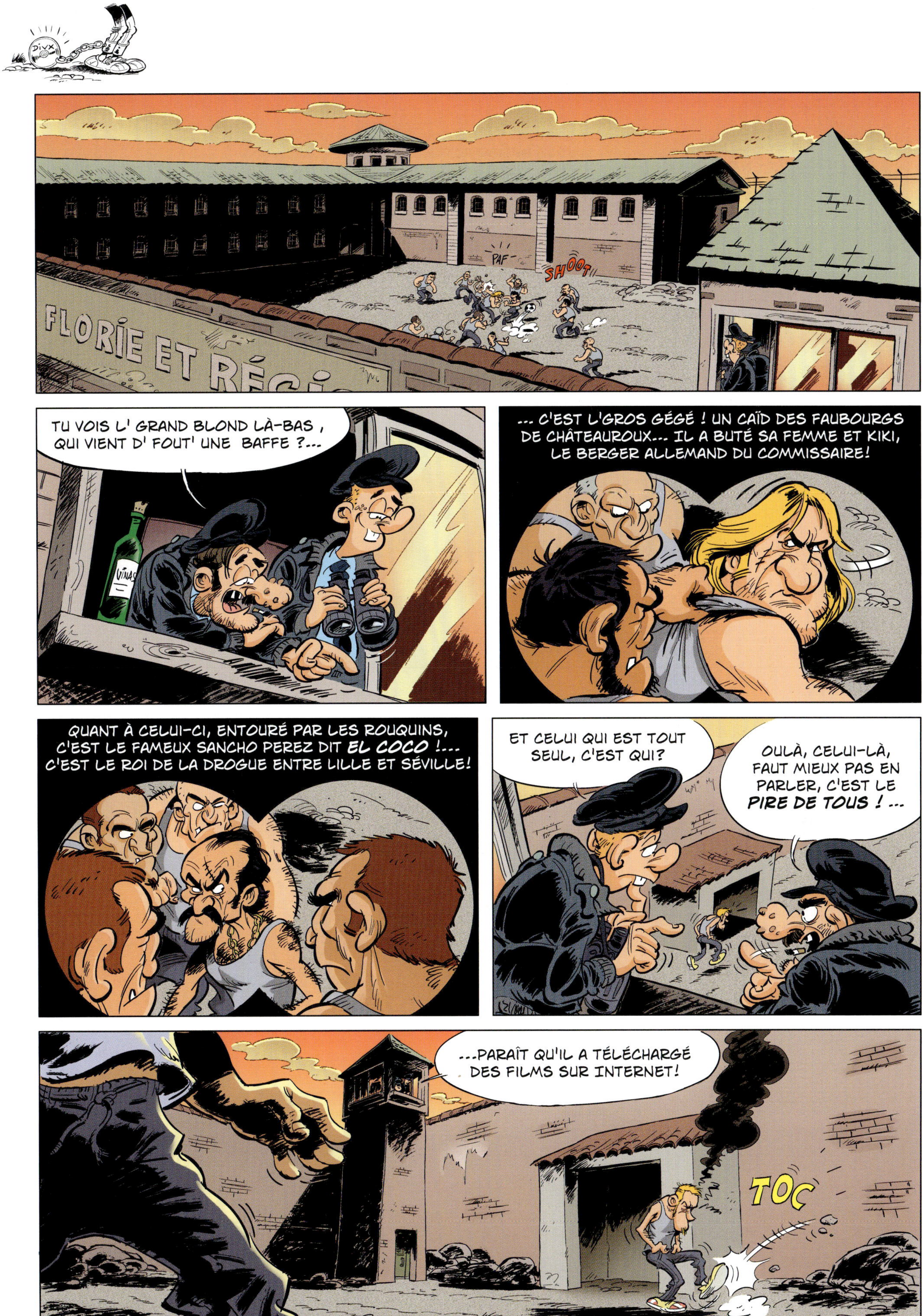
PAF
SHOOT
FLORIE ET RÉGIO
TU VOIS L' GRAND BLOND LÀ-BAS , QUI VIENT D' FOUT' UNE BAFFE ?...
VINAS
... C'EST L'GROS GÉGÉ ! UN CAÏD DES FAUBOURGS DE CHÂTEAUROUX... IL A BUTÉ SA FEMME ET KIKI, LE BERGER ALLEMAND DU COMMISSAIRE!
QUANT À CELUI-CI, ENTOURÉ PAR LES ROUQUINS, C'EST LE FAMEUX SANCHO PEREZ DIT EL COCO !... C'EST LE ROI DE LA DROGUE ENTRE LILLE ET SÉVILLE!
ET CELUI QUI EST TOUT SEUL, C'EST QUI?
OULÀ, CELUI-LÀ, FAUT MIEUX PAS EN PARLER, C'EST LE PIRE DE TOUS ! ...
...PARAÎT QU'IL A TÉLÉCHARGÉ DES FILMS SUR INTERNET!
TOC

MESSIEURS, JE SUIS FIER D'AVOIR ÉTÉ CHOISI POUR VOUS INITIER AUX JOIES DE L'INFORMATIQUE!..
...CAR L'INFORMATIQUE, C'EST LA LIBERTÉ! HI! HI! HI !
CENTRE DE DÉTENTION FLORIE ET RÉGIS
HUM, OUI, BON...EUH... DANS CETTE PREMIÈRE LEÇON, JE VAIS VOUS APPRENDRE À UTILISER INTERNET!
Y A-T-IL UN SUJET EN PARTICULIER QUI VOUS INTÉRESSE?
BZZZ... BZZZ...
EUH... VOUS ÊTES SÛRS? VOUS SAVEZ, ON NE PEUT PAS SE FIER À TOUTES LES INFORMATIONS TROUVÉES SUR LE NET!
GRRR...
GRRRR... GRUUMMF...
GLOP
... MAIS ÇA A L'AIR DE VOUS FAIRE SI PLAISIIIIR...
EUH... MAINTENANT QUE VOUS AVEZ LES PLANS DE LA PRISON, POU...POURQUOI VOUS ME GARDEZ AVEC VOUS?
BEN, PARAÎT QU' SUR LE NET, ON PEUT PAS S' FIER À TOUTES LES INFOS ! ALORS SI L' PLAN EST BIDON... PAF ! TU SERVIRAS D'OTAGE!...
COMME ÇA, ON ÉVITE LES BUGS... HIN ! HIN!
HIN HIN
HÛ HÛ HÛ
HIN HIN

BIP
BIP
BIP
SALUUUT TOUT LE MOOONDE...
ALORS PHIL... CES VACANCES? C'ÉTAIT BIEN?
SUUUPER!...
... J'AI FAIT LE VIIIDE TOTAAAL!
CLIC
CLIC
CLIC
CLIC
CLIC
?
?
CLIC
CLIC
CLIC
BON, C'EST PAS MARRANT, LÀÀÀ...
... QUI C'EST QUI M'A FOUTU CE FOND D'ÉCRAN?
!
!

ALLEZ BORDEEEL !
FILE-MOI UN EXTRA-BAAALL !
BIIP !
QUELLE IDÉE T'AS EUE AUSSI, DE LUI INSTALLER UN JEU DE FLIPPER ?
BIIIP !
BAF! BAF! BAF! BAF! BAF! BAF!
HA! HA! HA!
BBBOUHOUUUUU...
JE NE SAIS PAAAAAS...
JE NE SAIS PLUUUUUUS...
BIIIIP !
BAF!
TONTON 06.

ÉTEINDRE
REDÉMARRER
IL EST 18H00...
CRAAAC
CRAAC
AHHH, COOL! MON HEURE PRÉFÉRÉE !
... PAS VU PASSER LA JOURNÉE, MOI !
BON... COMMENT ÇA S'ÉTEINT DÉJÀ, UN PC À LA NOIX ?
TATONNE
HÉSITE
CHERCHE
PLOUF PLOUF...
MOUAIS...
... BEN C'EST PAS GAGNÉ, C'T'AFFAIRE...
RESTE CALME, MON PETIT PHIL, RESTE CALME !
RHÂÂÂÂÂÂ BOORDEL !
UN PROBLÈME ?
OUI MONSIEUR ! J'AIMERAIS BIEN M'BARRER, MAIS L'ORDI QU'ON M'A PRÊTÉ VEUT FAIRE DES HEURES SUP !
J'ARRIVE PAS À L'ÉTEINDRE !
HÉ HÉ, SACRÉ PHIL, C'EST POURTANT PAS COMPLIQUÉ !
CRÂNE
FRIME
FAUT JUSTE CLIQUER SUR "DÉMARRER" !
HEIN ?
BAF !
TU L'FAIS EXPRÈS ?!? J'T'AI DIT ÉTEINDRE...
TOC
TOC
TOC
... PAS DÉMARRER !
SIC...

L'INFORMATIQUE, MON PETIT KÉVIN, AUSSI SURPRENANT QUE CELA PUISSE PARAÎTRE, ÇA PERMET D'ENTRETENIR LES RELATIONS HUMAINES !
DÉMONSTRATION !
COOL !
PAR EXEMPLE, SI J'ENVOIE CE MESSAGE À MIREILLE : "MIMI, PHIL VIENT DE ME DIRE QUE TES P'TITS HAUTS AFFRIOLANTS LE DÉCONCENTRAIENT !"... HI, HI, HI...
TAP TAP TAP TAP TAP
HÛ HÛ TROP FOOORT !!
OHHHH, LE SALIGAUD !
"RIEN NE T'OBLIGE À MATER MES NICHONS VIEUX COCHON !"
TAP TAP TAP TAP TAP
"DE QUOI TU M'PARLES MISS MYTHO ?!?"
TAP TAP TAP
TAP TAP TAP TAP TAP TAP TAP TAP TAP TAP TAP
OK, JE VOIS !
PAF! BAF! CRASH! DZIIIING!
TU SAIS, MIKE, TA THÉORIE SUR L'INFORMATIQUE QUI FAVORISE LES RELATIONS HUMAINES...
... BEN, TU PEUX LA METTRE DIRECTOS À LA POUBELLE !
MON DIEU QU'IL EST DRÔLE...

OUPS, C'ÉTAIT MOINS UNE !
SI JE ME FAIS CHOPER AVEC UN CAFÉ PRÈS DE MON ORDI...
POF !
... MICHAËL VA ENCORE M'FAIRE LA MORALE !
PHIL ! COMBIEN DE FOIS JE TE L'AI DIT? J'EN AI MARRE DE NETTOYER TES CONNERIES !...
... ET GNA GNA GNA !
GRAT GRAT GRAT
EUH ?...
MON PETIT PHILOU T'ES UN PUR GÉNIE !
BZiiii
LE TRAVAIL, C'EST LA SANTÉÉÉ...
NE RIEN FAIRE...
C'EST LA CONSERVEEER !...
TAP TAP TAP TAP TAP TAP TAP TAP TAP
BBZZiiiiiii
AU FAIT, PHIL, T'AS EU LE TEMPS DE...
OH MERDE ! LE R'VOILÀ !
AAAARGH !!!
SPLOSH
?!
CRAC !

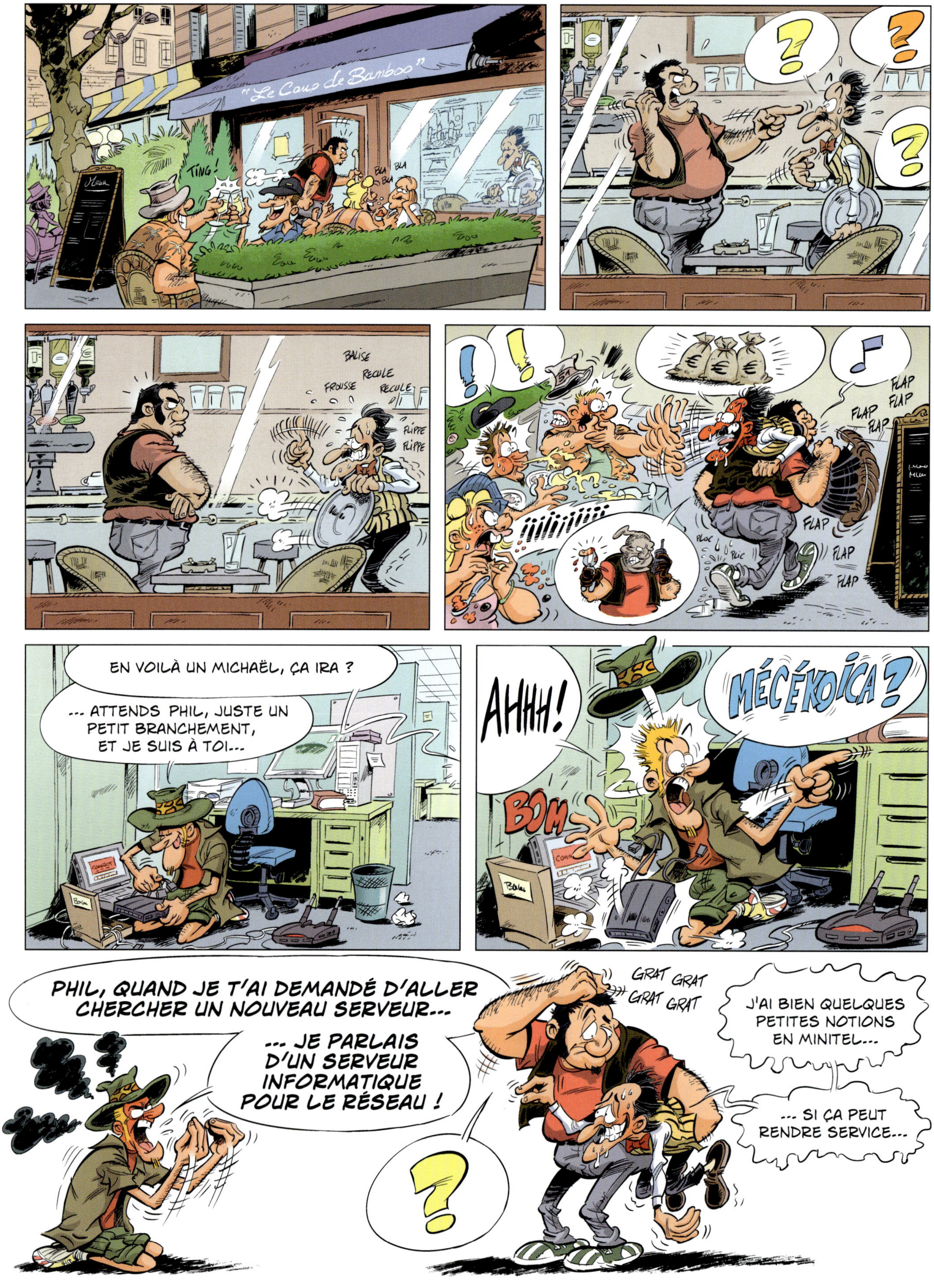
"Le Coup de Bamboo"
TING !
BLA BLA BLA
BALISE
RECULE
FROUSSE
RECULE
FLIPPE
FLIPPE
FLAP FLAP
FLAP FLAP
FLAP
FLAP
FLAP
PLOC
PLIC
EN VOILÀ UN MICHAËL, ÇA IRA ?
... ATTENDS PHIL, JUSTE UN PETIT BRANCHEMENT, ET JE SUIS À TOI...
AHHH !
MÉCÉKOICA ?
BOM
PHIL, QUAND JE T'AI DEMANDÉ D'ALLER CHERCHER UN NOUVEAU SERVEUR...
... JE PARLAIS D'UN SERVEUR INFORMATIQUE POUR LE RÉSEAU !
GRAT GRAT
GRAT GRAT
J'AI BIEN QUELQUES PETITES NOTIONS EN MINITEL...
... SI ÇA PEUT RENDRE SERVICE...

EMPLOYÉ DU MOIS
PHIL
HÉ BEN JP, T'AS VU UN FANTÔME ?
J'OBSERVE PHIIIIIIL !...
IL EST DERRIÈRE SON ORDINATEUR DEPUIS CE MATIN, IL EN A PAS ENCORE DÉCROCHÉ !
MÊME PAS POUR UNE PAUSE CAFÉ ! DEPUIS PLUS DE 6 HEURES !
LÈCHE
LÈCHE
CHUUUUT...
7H57 MINUTES, ET 36 SECONDES, POUR ÊTRE TOUT À FAIT EXACT...
HÉ
HÉ
TAP
TAP
AAARGH ! SI BOUSIER LE VOIT AUSSI APPLIQUÉ, C'EST SÛR, IL VA LE NOMMER EMPLOYÉ DU MOIS !
À MA PLAAAACE !
RONGE
RONGE
EH BIEN, MESSIEURS...? POUR QUELLE RAISON ENCOMBREZ-VOUS LE COULOIR AINSI ?
OH, POUR RIEN, MONSIEUR, NOUS ADMIRONS PHIL EN PLEIN TRAVAIL !
AAARGH ! BOUSIER !
C'EST VRAI QUE JE PASSE SOUVENT ICI DEPUIS CE MATIN, ET IL SEMBLE IMPERTURBABLE...
10, 9...
HÉ
HÉ
BLA BLA BLA BLA
HI HI
BLA BLA
8, 7, 6...
TÂCHEZ DE PRENDRE EXEMPLE, MESSIEURS ! VOUS AVEZ LÀ LE PROCHAIN EMPLOYÉ DU MOIS !
LÈCHE
LÈCHE
FAYOTTE
UN... UN PETIT CAFÉ, MONSIEUR BOUSIER ?
A... AVEC UN NUAGE DE LAIT ?
HÛ HÛ
5, 4, 3, 2...
BRAVO, PHIL ! T'AS TENU 8 HEURES SANS PÉTER TON ORDI ! ÇA S'ARROSE !
MÊME PAS UN PLANTAGE !
PAS UNE SEULE PETITE COLÈRE !
TAP TAP TAP
CHEESE !
MERCI À TOUS ! SNIF, SNIF... J'AI BIEN CRU PLUSIEURS FOIS QUE J'ALLAIS CRAQUER !

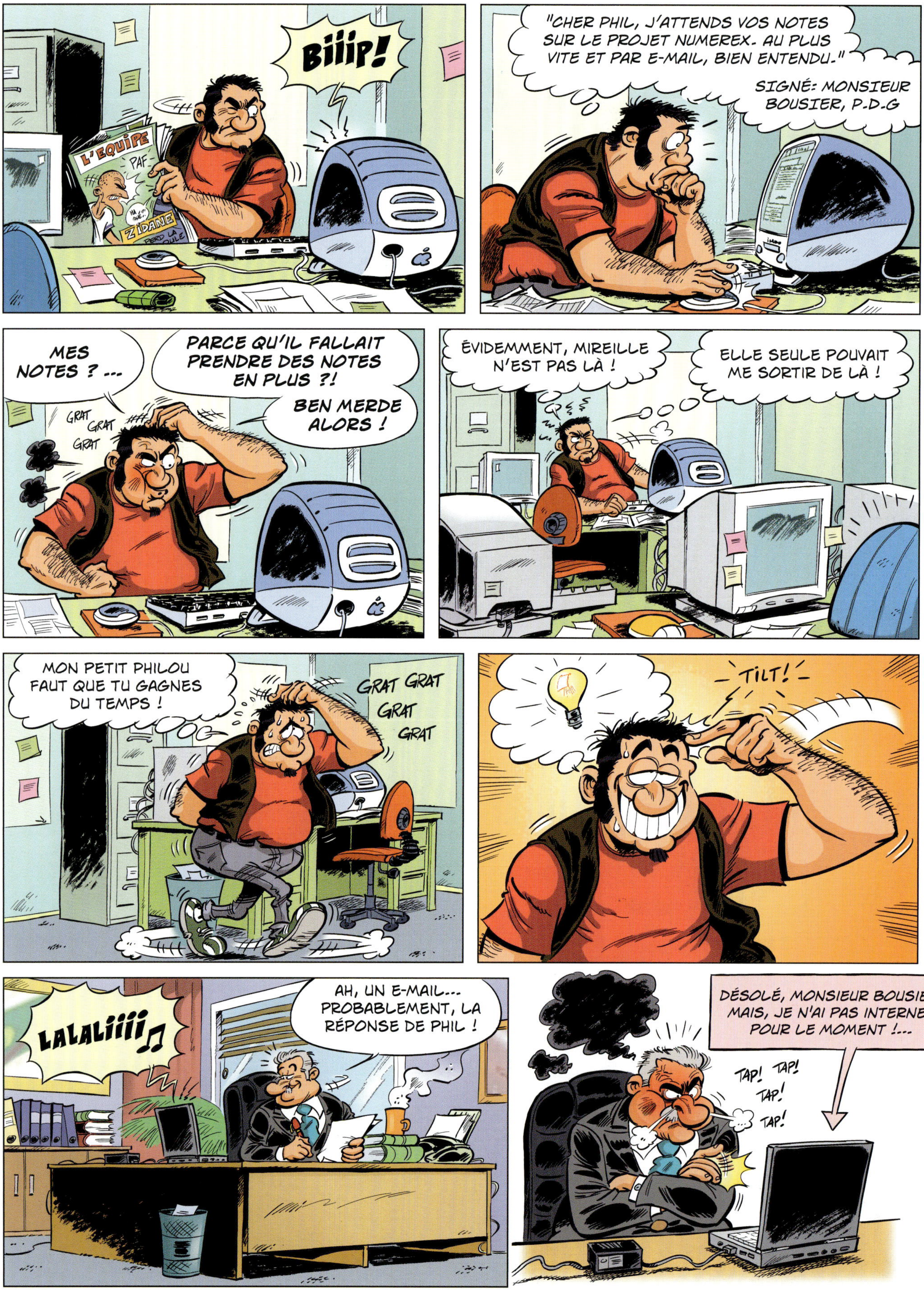

BIIIP!
L'EQUIPE
PAF
ZIDANE
PERD LA BOULE
"CHER PHIL, J'ATTENDS VOS NOTES SUR LE PROJET NUMEREX. AU PLUS VITE ET PAR E-MAIL, BIEN ENTENDU."
SIGNÉ: MONSIEUR BOUSIER, P.D.G
MES NOTES ? ...
PARCE QU'IL FALLAIT PRENDRE DES NOTES EN PLUS ?!
BEN MERDE ALORS !
GRAT GRAT GRAT
ÉVIDEMMENT, MIREILLE N'EST PAS LÀ !
ELLE SEULE POUVAIT ME SORTIR DE LÀ !
MON PETIT PHILOU FAUT QUE TU GAGNES DU TEMPS !
GRAT GRAT GRAT GRAT
TILT!
LALALIIII
AH, UN E-MAIL... PROBABLEMENT, LA RÉPONSE DE PHIL !
DÉSOLÉ, MONSIEUR BOUSIER, MAIS, JE N'AI PAS INTERNET POUR LE MOMENT !...
TAP! TAP! TAP! TAP!

JE RÉSUME : L'AÉROPORT VEUT MODERNISER SON SYSTÈME INFORMATIQUE DE GUIDAGE DES AVIONS...
C'EST UN TRÈS GROS BUDGET, ALORS PAS DE GAFFES !
AÉRO
MESSIEURS DAMES ... JE SUIS LE COMMANDANT PATRONI, SUPERVISEUR DE CETTE TOUR DE CONTRÔLE. SI VOUS VOULEZ BIEN ME SUIVRE...
L'AÉROPORT S'EST OUVERT AU MONDE, LE TRAFIC A TRIPLÉ DEPUIS 5 ANS, ET NOS ORDINATEURS SONT DÉPASSÉS...
IL FAUT REVOIR TOUT NOTRE ÉQUIPEMENT INFORMATIQUE ET LE MODERNISER AVANT QU'IL N'ARRIVE UNE CATASTROPHE !
ET C'EST LÀ QUE VOUS INTERVENEZ !
TOUT À FAIT...
BUDGET
HUM...
SRITCH SRITCH
DRAGUE BARATIN
GLOUSSE GLOUSSE
HI HI
COMMANDANT, NOTRE ÉQUIPE DE PROFESSIONNELS EST À VOTRE DISPOSITION, NOUS ALLONS FAIRE DE CET ENDROIT UN PETIT BIJOU DE TECHNOLOGIE !
N'EST-CE PAS MICHAËL...?!?
FAYOT...
MAIS OÙ EST-IL PASSÉ CE ZIGOTO ?

C'EST VRAI QU'ILS SONT BIEN POURRIS VOS ORDIS, MAIS LE SIMULATEUR DE VOL, IL DÉÉÉÉÉÉÉÉÉCHIIIIRE !!!
MAYDAY!
MAYDAY! MAYDAY ! MAYDAY... ...GAAAGE !
ON VA TOUS MOURIIIRRR !
?
...
BUDGET
BIIIIIIP
BIIP
BUP
CLIC CLIC

EMPLOYÉ DU MOIS
PHIL

LA FIN DU MOIS APPROCHE... J'AI INTÉRÊT À ME FAIRE REMARQUER, SI JE VEUX ÊTRE À NOUVEAU L'EMPLOYÉ DU MOIS ! HIN, HIN...
WINNER
WINNER
ARGHHHH !
SI BOUSIER VOIT ENCORE PHIL EN TRAIN DE BOSSER...
BEN, JE PEUX DIRE ADIEU À MA NOMINATION !
MAIS BON, À CETTE HEURE-LÀ, IL Y A PEU DE CHANCE QUE BOUS...
RONGE
RONGE
ÇA ALORS !...
... CE PHIL ME SURPREND DE JOUR EN JOUR ! LE VOILÀ DEVENU ASSIDU AU TRAVAIL !
LES TEMPS CHANGENT, JEAN-PIERRE, LE VILAIN PETIT CANARD EST EN TRAIN DE DEVENIR UN MAGNIFIQUE CIGNE !..
FLAP
FLAP
FLAP
FLAP
ET OUI, HÉ, HÉ... MAAAGNIFIQUE...
... ET UN FUTUR EMPLOYÉ DU MOIS !
KILL KILL
RHÂÂÂÂ... CETTE FOIS Y EN A MARRE !!!
C'EST QUOI CE FAYOTAGE, PHIL ?! TU FAIS DES HEURES SUP' MAINTENANT? TU VEUX ME PIQUER MA PLACE ???
BEN QUOI, QU'EST-CE QUE J'AI FAIT ? LA PAUSE REPAS, C'EST PAS DES HEURES SUP' QUAND MÊME ?!?
PIZZA

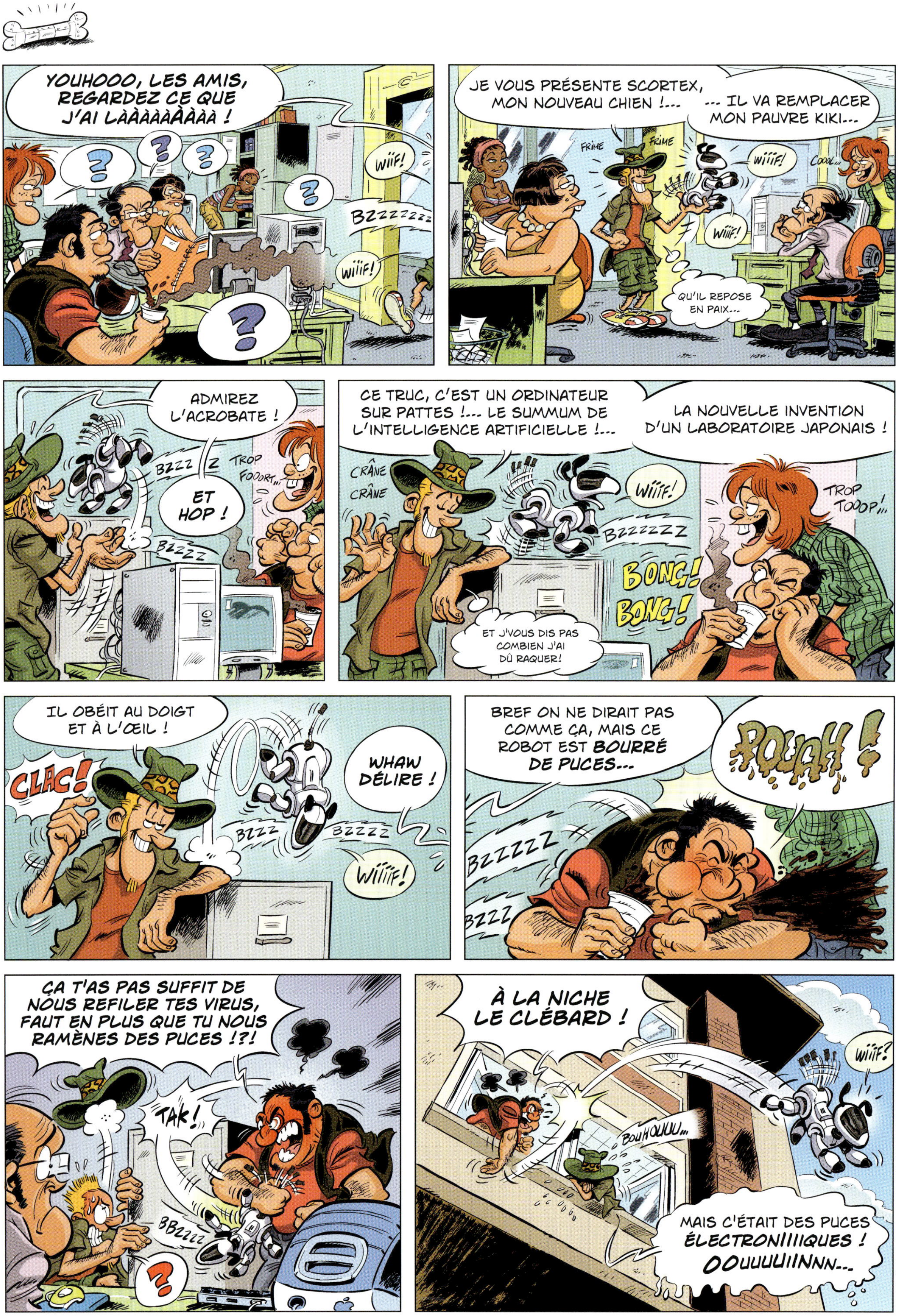

YOUHOOO, LES AMIS, REGARDEZ CE QUE J'AI LÀÀÀÀÀÀÀÀ !
WIIF!
BZZZZZZZ
WIIIF!
JE VOUS PRÉSENTE SCORTEX, MON NOUVEAU CHIEN !...
... IL VA REMPLACER MON PAUVRE KIKI...
FRIME
FRIME
WIIIF!
COOOL...
WIIIF!
QU'IL REPOSE EN PAIX...
ADMIREZ L'ACROBATE !
BZZZ
ET HOP !
TROP FOOORT...
BZZZZ
CE TRUC, C'EST UN ORDINATEUR SUR PATTES !... LE SUMMUM DE L'INTELLIGENCE ARTIFICIELLE !...
LA NOUVELLE INVENTION D'UN LABORATOIRE JAPONAIS !
CRÂNE
CRÂNE
WIIIF!
TROP TOOOP !...
BZZZZZZ
BONG! BONG!
ET J'VOUS DIS PAS COMBIEN J'AI DÛ RAQUER!
IL OBÉIT AU DOIGT ET À L'ŒIL !
CLAC!
WHAW DÉLIRE !
BZZZ
BZZZZ
WIIIIF!
BREF ON NE DIRAIT PAS COMME ÇA, MAIS CE ROBOT EST BOURRÉ DE PUCES...
POUAH !
BZZZZZ
BZZZ
ÇA T'AS PAS SUFFIT DE NOUS REFILER TES VIRUS, FAUT EN PLUS QUE TU NOUS RAMÈNES DES PUCES !?!
TAK!
BBZZZZ
À LA NICHE LE CLÉBARD !
WIIIF?
BOUHOUUU...
MAIS C'ÉTAIT DES PUCES ÉLECTRONIIIIQUES ! OOUUUUIINNN...

À découvrir aux éditions BAMBOO

LES PROFS - 9 tomes

4 - RENTRÉE DES ARTISTES
5 - CHUTE DES COURS
6 - CLASSE TOURISTE
7 - MISE EN EXAMEN
8 - FENÊTRE SUR COURS
9 - RYTHME SCOLAIRE

Pica & Erroc

LES GENDARMES - 9 tomes

4 - AMENDE HONORABLE
5 - SOURIEZ, VOUS ÊTES FLASHÉS
6 - UN P.V. DANS LA MARE !
7 - COFFRÉ SURPRISE !
8 - PERMIS CUIT À POINT !
9 - UN HOMME DONNEUR

Jenfèvre, Sulpice & Cazenove

LES POMPIERS - 5 tomes

Tome 1 : DES GARS DES EAUX
Tome 2 : HOMMES AU FOYER
Tome 3 : LE FEU DE L'AMOUR
Tome 4 : POTES AU FEU
Tome 5 : HOMMES DES CASERNES

Stédo
Cazenove

LES FONCTIONNAIRES - 7 tomes

1 - METRO, DODO, DODO
2 - REDUCTION DU TEMPS DE TRAVAIL
3 - TRAVAIL À LA CHAÎNE
4 - GRÈVE SANS PRÉAVIS
5 - CORRUPTION DE FONCTIONNAIRES
6 - EMPLOYÉS DES TAS
7 - AMI PUBLIC N°1

Bloz & Béka

LES TOUBIBS - 4 tomes

Tome 1 : C'EST GRAVE, DOCTEUR ?
Tome 2 : AU SUIVANT !
Tome 3 : BONS RÉFLEXES
Tome 4 : SUR LES DENTS !

Bélom
Gégé
Sirvent

LES ASSUREURS - 2 tomes

Tome 1
Tome 2

Jenfèvre
Sulpice

LES COMMERCIAUX- 4 tomes

1 - FARCE DE VENTE
2 - LES DESSOUS DE LA VENTE
3 - SÉVICES APRÈS-VENTE
4 - LE BON, LA BRUTE ET LE CLIENT

Radôche
Plumeri
Boitelle

L'AUTO ÉCOLE - 4 tomes

Tome 1 : PERMIS D'ÉCONDUIRE
Tome 2 : CONDUITE ACCOMPAGNÉE
Tome 3 : ZÉRO DE CONDUITE
Tome 4 : FORMATION ACCÉLÉRÉE

Cazenove
Amouriq

LES POSTIERS

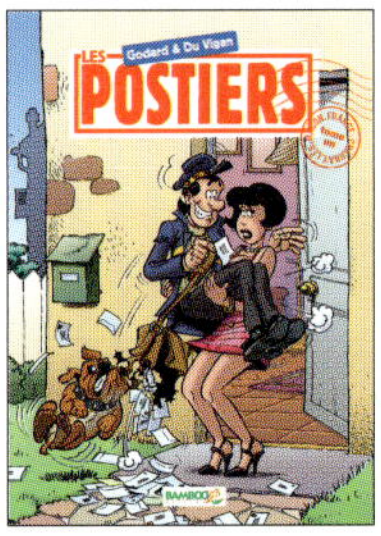

Tome 1

Godard
Du Vigan

PLANS DE CARRIÈRE

Tome 1 : ADO, BOULOT, BOBO

Erroc
Yannick

BASKET DUNK - 3 tomes

Tome 1
Tome 2
Tome 3

Cazenove
Plumeri
Mauricet

LES FOOT MANIACS - 4 tomes

Tome 1
Tome 2
Tome 3
Tome 4

Jenfèvre
Sulpice
Jack
Béka
Saive

LES VÉLOMANIACS - 2 tomes

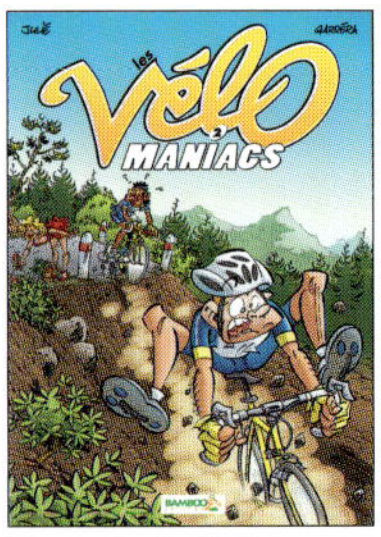

Tome 1
Tome 2

Julié
Garréra

LES RUGBYMEN - 4 tomes

1 - ON VA LEUR METTRE LES POINGS SUR LES YEUX !
2 - SI ON GAGNE PAS, ON A PERDU !
3 - ON N'EST PAS VENUS POUR ÊTRE LÀ !
4 - DIMANCHE PROCHAIN, ON JOUERA SAMEDI !

Béka
Poupard

LES TENNISMEN

Tome 1

Brrémaud
Reynès
Bertolucci

LES PÉTANQUEURS - 2 tomes

Tome 1 : FAN DE CHICHOURLE !
Tome 2 : OH, PEUCHÈRE !

Cazenove
Ridel

CASTING PROD' - 2 tomes

Tome 1 : PERTE D'AUDITION
Tome 2 : TELLE EST RÉALITÉ

Cazenove
Bloz

LES RIPOUPONS - 5 tomes

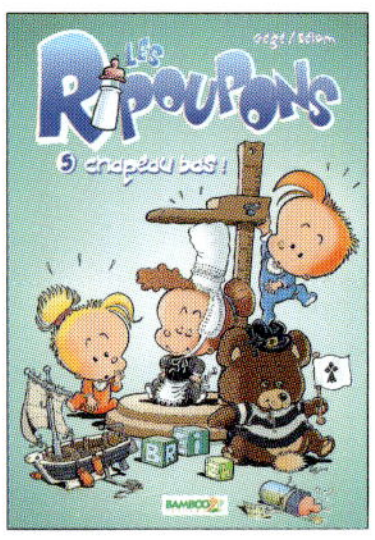

1 - TOUCHE PAS À MON DOUDOU
2 - ON REMET UNE COUCHE !
3 - MÊME PAS PEUR !
4 - POTS, POTINS
5 - CHAPEAU BAS

Gégé & Bélom

LES DAMNÉS DE LA ROUTE - 6 tomes

1 - ON ACHÈVE BIEN LES 2 CV
2 - L'HOMME QUI MURMURAIT À L'OREILLE DES 2 CV
3 - LES 2 CV SE CACHENT POUR MOURIR
4 - VOL AU DESSUS D'UN NID DE 2 CV
5 - SEA, SEX AND DEUCHE !
6 - UNE 2 CV NOMMÉE DÉSIR !

Achdé, Rodrigue & Richez

LES CAMPEURS

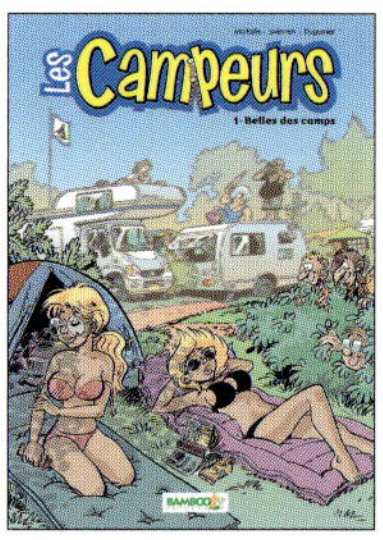

Tome 1 : BELLES DES CAMPS

Maltaite
Swinnen
Dugomier

Finder Fichier Édition Présentation Aller Fenêtre Aide
TRAITS
disq...
Nom
GAG C DUCHINOIS-CHUTE.tif
GAG C DUCHINOIS-INTRO.tif
GAG SMS.tif
GAG AMNESIE.tif
GAG BOMBASSE.tif
PHIL CERVEAU BINAIRE.tif
GAG VERSION DEMO.tif
GAG PRISON MIRADOR.tif
GAG PRISON ESCAMPETTE.tif
GAG PC PQ.tif
GAG ORDI DEBRANCHE.tif
45 éléments, 26,6 Go disponibles
MANUEL POUR LES NULS
LE CHINOIS